Die Reise mit den

Zauberponys

Rette uns, kleines Pony!

Die Reise mit den

Zauberponys

Rette uns, kleines Pony!

Zeichnungen
von Lisa Althaus

Aus dem Englischen
von Marie Polixa

Arena

Mit besonderem Dank
an Holly Skeet

In neuer Rechtschreibung

1. Auflage 2006
für die deutsche Ausgabe:

Einbandillustration: Irmgard Paule
Innenillustrationen: Lisa Althaus
Aus dem Englischen von Marie Polixa
Gesamtherstellung: Westermann Druck Zwickau GmbH
978-3-401-06019-4

www.arena-verlag.de

1. Kapitel

Vanessa hatte Herzklopfen vor lauter Aufregung. Der Rummelplatz war erfüllt von Farben und Klängen, und sie konnte es kaum erwarten, all die Attraktionen auszuprobieren! Sie sah sich in alle Richtungen um und überlegte, wohin sie zuerst gehen wollte.

»Vanessa! Max hat ein Raumschiff entdeckt!«, rief Vanessas ältere Schwester Selina. Sie hatte Vanessa und Max schon lange versprochen, mit ihnen auf den Rummelplatz zu gehen,

und die beiden hatten sich sehr darauf gefreut.
»Ich komme!«, rief Vanessa und lief zu ihrer Schwester hinüber. Die Raumschiffe fand sie allerdings nicht sehr aufregend. Das lag sicher daran, dass sie schon acht Jahre alt war und ihr Bruder erst fünf. Selina half Max beim Einsteigen. »IIIEOOH-IIIEOOH«, machte er, während er in dem blau-gelben Raumschiff rundherum flog und so tat , als ob er mit der Bodenstation sprach. Er fand es sehr schade, als die Fahrt zu Ende war. Zum Trost schlug Vanessa vor, Zuckerwatte zu kaufen.
»Ich will keine Zuckerwatte!«, heulte Max. »Ich will noch mal Raumschiff fahren!«
»Aber das war doch erst der Anfang! Bestimmt gibt es noch viel mehr

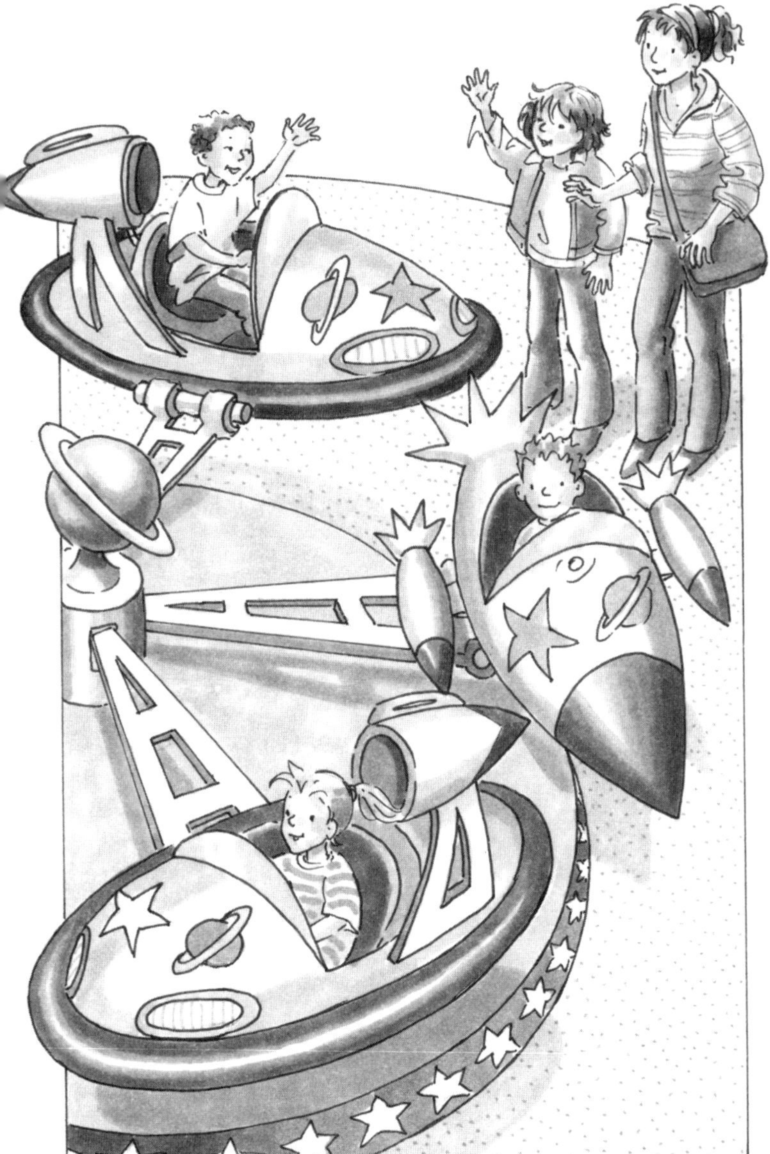

Sachen, die dir gefallen!«, versprach Vanessa.
»Neeeiiin! Ich will aber die Raumschiffe, ich will die Raumschiffe! Ich will, ich will, ich will!« Max war knallrot angelaufen und kurz vor einem seiner Wutanfälle.
»Also gut«, sagte Selina. »Noch eine Fahrt mit den Raumschiffen. Aber nur eine, verstanden?«
Max strahlte, und Vanessa seufzte. Immer bekam Max seinen Willen, nur weil er der Kleinste war. Und eine Fahrt würde ihm bestimmt nicht genügen! Doch glücklicherweise war es ihm nach dieser Raumschiff-Runde so schwindlig, dass er nicht protestierte, als Selina und Vanessa erklärten, sie wollten nun nach etwas anderem schauen.

Vanessa hielt Max an seiner klebrigen Hand und bahnte ihnen den Weg über den Rummelplatz. Wo sollten sie hingehen? Zur Super-Rutsche? Oder zum Kettenkarussell?
Da hörte sie Musik, ein Stück entfernt. Es war, als ob die Melodie sie rief. Sie zog Max und Selina weiter und folgte den Klängen.
»Oh, schaut doch mal!«, rief sie.
Die Musik kam von einem altmodischen rot-goldenen Pony-Karussell. Die Farben leuchteten in der Sonne, als das Karussell sich zu drehen begann. Noch nie hatte Vanessa etwas so Hübsches gesehen!
Die drei Kinder blieben stehen. »Ist das schön!«, sagte Vanessa. »Selina, darf ich fahren?«
Selina lachte. »Klar darfst du!«

Das Karussell drehte sich langsamer, und die Melodie verklang. Vanessa lief hinüber, um sich die Ponys genauer anzusehen. Sie bewunderte ein grau-weißes Zirkuspferdchen mit funkelnden Augen und einen rassigen Araber mit wehender Mähne. Doch dann entdeckte sie ein wunderschönes Pony – genau so eines hatte sie in ihrem Pony-Magazin schon gesehen! Sein Fell hatte eine Farbe wie Karamell-Eis – ein Norweger-Pony! Norweger waren Vanessas Lieblingsponys, sie liebte ihre lustige Stehmähne und den schwarzen Aalstrich am Rücken.
Sie hatte gelesen, dass Norweger in nordischen Ländern manchmal als Rettungs-Ponys eingesetzt wurden, weil sie zuverlässig im tiefen Schnee laufen konnten.

Der hölzerne Karussell-Norweger hatte ein freundliches Gesicht. Vanessa stieg die Stufen zum Karussell empor und streichelte seinen Hals. An seinem Zaumzeug waren mit gelben Bändern kleine Glöckchen befestigt, die leise klingelten. Sein Fell sah weich und flauschig aus – Vanessa wusste, dass

es ziemlich dicht sein musste, um das Pony im tiefen Winter warm zu halten. Vanessa strich mit der Hand die Mähne entlang. Sie stand hoch wie bei einem Zebra. Auch die zart gestreiften Beine erinnerten an ein Zebra.
Eine dröhnende Stimme hinter ihr ließ sie hochschrecken. »Hallo! Gefällt dir mein Norweger-Pony?«
Vanessa drehte sich um und sah einen Herrn in einem grünen Samtanzug mit funkelnden Augen neben dem Karussell stehen. »Es ist so schön!«, sagte Vanessa und lief die Stufen hinunter auf den Mann zu.
Der Karussell-Besitzer lüpfte seinen Hut und machte eine tiefe Verbeugung. »Ich bin Mister Barker, und dies ist mein Zauberpony-Karussell. Möchtest du gern einmal mitfahren?«

Vanessa nickte. »Oh ja, bitte!«
Mister Barker rieb seine Hände aneinander und blies hinein. »Brrr! Ziemlich kalt heute, findest du nicht? Bald wird es Winter!« Er öffnete seine Hände wieder – und präsentierte Vanessa einen Stapel rosa Tickets.
Vanessa staunte. Wo kamen denn die rosa Fahrscheine auf einmal her?
»Nimm dir ein Ticket, kleines Fräulein!«, sagte Mister Barker. »Du findest darauf den Namen deines Ponys.«
Vanessa griff nach einem Ticket, das aus dem Stapel herausragte. Sie wollte so gerne das Norweger-Pony reiten! Mit zitternden Fingern faltete sie den Fahrschein auseinander. In geschwungener Schrift stand darauf: Flocke. Hoffnungsvoll sah sie Mister

Barker an, und der nickte in Richtung des Karussells. »Sieh nach!«, sagte er. Vanessa stieg wieder die Stufen hinauf. Jedes Pony hatte ein Namensschild, das an dem Stab befestigt war, der sich vor dem Sattel befand. Sie sah nach, was auf dem Schild des karamellfarbenen Ponys stand. Flocke! Der perfekte Name für einen Norweger!

»Vielen Dank!«, sagte sie zu Mister

Barker. »Das ist genau das Pony, das ich reiten wollte!«
Mister Barker lächelte, und Vanessa kletterte auf Flockes Rücken. Sein Sattel war aus schwerem Leder. Darunter lag eine wunderschöne dunkelrote Satteldecke mit aufgestickten goldenen Blüten und Blättern. Vanessa fühlte sich ganz sicher auf Flockes Rücken.
Mister Barker stand in der Mitte des Karussells und drehte an einer goldenen Kurbel. Wieder erklang die Melodie, und Vanessa lachte, als sich Flocke mit einem Sprung in die Luft erhob. Sie winkte Max und Selina, die ihr zusahen, und die beiden winkten zurück.
Das Karussell drehte sich schneller, der Rummelplatz verschwamm vor

Vanessas Augen zu einem Nebel aus Regenbogenfarben. Vanessa blinzelte. Sie wollte ihre Augen reiben, aber sie wirbelten so schnell herum, dass sie es nicht wagte, die Zügel loszulassen. Es sprühte Glitzerfunken, die Regenbogenfarben des Rummelplatzes verwandelten sich in ein blendendes Weiß.

Vanessa hielt den Atem an: Dies war nicht mehr der Rummelplatz! Sie ritt mit Flocke mitten durch einen Schneesturm!

2. Kapitel

Der Schneesturm ließ nach, und Vanessa sah sich erstaunt um. Was war geschehen? Wo waren Max und Selina und der Rummelplatz? Sie befand sich mitten im Gebirge, in einem Tal – ringsumher glitzernder weißer Schnee. Zu beiden Seiten türmten sich steile, zerklüftete Berge mit schneebedeckten Gipfeln. Es dämmerte, und der Himmel war wunderbar samtigblau.
Flocke warf den Kopf hoch, dass die Glöckchen an seinem Zaumzeug nur

so klingelten. Klingelingeling hallte das Echo durchs Tal.
Vanessa erstarrte vor Staunen: Das Pony war nicht mehr aus Holz! Es war lebendig!
»Was ist passiert?« Vanessa musste nach Luft schnappen. Sie ließ ihre Hand durch Flockes Mähne gleiten, und das borstige Haar kitzelte sie an den Fingern. Der Hals des Ponys fühlte sich weich und warm an.
Vanessa schauderte. Es war wirklich kalt. Ihre bestickte Lieblingsjeans und das rosa Jäckchen waren hier wohl nicht viel nütze. Doch als Vanessa an sich heruntersah, bemerkte sie, dass auch ihre Kleidung sich verändert hatte! Sie trug jetzt dicke, warme Hosen aus kirschfarbenem Cord. Sie steckten in kuscheligen Lammfellstiefeln mit

hübschen Bommeln. Außerdem trug sie eine grüne Wolljacke mit kirschroten Blüten am Kragen und an den Ärmeln. An jedem Ärmel baumelte ein wunderhübscher Lederhandschuh. Vanessa streifte die Handschuhe über und bewegte die Finger in der weichen Wolle. So war sie bei diesem Wetter genau richtig angezogen!
Trotzdem konnten sie nicht ewig hier draußen bleiben. Es wurde dunkel. Vanessa stieß Flocke mit den Fersen sanft in die Seiten, und sie trabte an. Als sich Vanessa an das Auf und Ab der Bewegung gewöhnt hatte, sah sie sich um, weil sie wissen wollte, wohin sie unterwegs waren. Die Straße führte zu einem kleinen Bergdorf. Warmer Lichtschein glomm aus den Fenstern der stabilen Holzhütten. Aus den Kaminen

quoll Rauch, der die Luft mit einem scharfen Geruch nach Holz erfüllte.
»Wie auf einer Weihnachtspostkarte!«, seufzte Vanessa begeistert.
Der dicke Teppich aus Schnee dämpfte jeden Laut. Es war niemand zu sehen, und Vanessa fragte sich, wo die Menschen wohl waren. »Was soll ich jetzt machen?«, dachte sie laut.
»Ich denke, wir sollten zum Dorfplatz gehen«, kam die Antwort.
Vor Überraschung fiel Vanessa beinahe aus dem Sattel. Wer hatte da gesprochen? Sie stellte sich in die Steigbügel und sah sich um – aber sie konnte weit und breit niemanden entdecken. Flockes Ohren drehten sich rückwärts in ihre Richtung. Machte sich etwa jemand einen Spaß mit ihr?
»Ich hab's mir wohl eingebildet«, sagte

Vanessa und ließ sich wieder in den Sattel sinken.
»Nein, hast du nicht«, sagte dieselbe Stimme.
Flocke schnaubte, drehte ihren Kopf zu Vanessa herum und sah sie an. Ihre braunen Augen funkelten fröhlich.
Vanessa beugte sich vor und flüsterte in Flockes Ohr: »Hast du das gerade gesagt?« Es kam ihr ein bisschen komisch vor, mit einem Pony zu sprechen.
»Na klar«, antwortete Flocke, und ihr Atem hinterließ eine dicke Nebelwolke.
»Komm, wir müssen weiter. Es ist draußen zu kalt. Ich hab mein extradickes Fell, aber deine Kleidung wird bei dieser Kälte nicht ausreichen, auch wenn sie noch so warm ist.« Und sie fiel wieder in ihren flotten Trab.

»Oh, Flocke, du musst mir sagen, was passiert ist! Wo sind wir? Warum bist du plötzlich ein echtes Pony? Und warum kannst du sprechen?«

»Alle Ponys können sprechen«, erklärte Flocke. »Aber nur du kannst mich auch verstehen – weil du einen Fahrschein vom Zauberpony-Karussell bekommen hast. Es hat uns aus einem ganz bestimmten Grund hierher geschickt. Durch Magie haben wir uns gefunden – und jetzt müssen wir gemeinsam eine Aufgabe erledigen. Aber keine Sorge – du wirst wieder zurück sein, bevor irgendjemand etwas bemerkt. Das gehört zu dem Zauber dazu!«

Vanessa klopfte Flockes Hals. War das aufregend! »Was für eine Aufgabe ist das denn?«

»Das weiß ich noch nicht genau. Wir

müssen jemandem zu Hilfe kommen – aber ich weiß nicht, wer es ist. Wir werden es wissen, wenn wir die Person gefunden haben, keine Angst.«

Sie hörten ein Knistern und Knacken, und Vanessa sah in einiger Entfernung orangefarbene Funken in den Himmel fliegen. Als sie um die Ecke bogen, sahen sie mitten auf dem Dorfplatz ein großes Feuer lodern. Viele Leute standen um das Feuer herum, sie unterhielten sich und lachten.

Vanessa musste lächeln. »Na, da haben wir aber eine große Auswahl!«

Sie nahm die Füße aus den Steigbügeln und glitt von Flockes Rücken. »Wir sollten uns jetzt nicht mehr unterhalten, sonst merken die was!«, flüsterte sie in Flockes Ohr.

»Ist schon in Ordnung«, flüsterte

Flocke zurück. »Sie hören mich nur wiehern oder sehen, dass ich meine Lippen bewege. Aber niemand außer dir kann mich verstehen; nur du hast den Zauber des Pony-Karussells.«
Und das war auch gut so, denn genau in diesem Moment rief jemand dicht hinter Vanessa: »Hallo!«
Vanessa drehte sich um. Ein Mädchen, etwa so alt wie sie selbst, lächelte sie an. Sie trug ein blaues Cordkleid, über und über bestickt mit Blüten und Blätterranken. Ihr weißblondes Haar war zu zwei langen Zöpfen geflochten, die von blauen Schleifen gehalten wurden. Ein kleiner Junge mit ebenso blondem Haar hielt ihre Hand.
»Hallo«, sagte das Mädchen. »Ich bin Sascha, und das ist mein Bruder Arin.«

»Ich heiße Vanessa, und dies ist mein Pony Flocke«, sagte Vanessa.
»Es ist wunderschön! Aber du siehst aus, als ob du frierst«, sagte Sascha besorgt. »Komm doch näher ans Feuer, und wärm dich auf!« Und sie bahnte ihnen den Weg durch die Menge bis ans Feuer. Plötzlich ließ der kleine Arin die Hand seiner Schwester

los und rannte zwischen den Beinen der Leute hindurch davon.
»Entschuldigung«, stieß Sascha hervor und stürmte ihm hinterher.
»Genau wie mein kleiner Bruder Max«, sagte Vanessa zu Flocke. »Immer rennt er weg, und Selina und ich haben dann den Ärger.«
Vanessa ging noch ein Stück näher ans Feuer heran und wärmte ihre Hände, während sie auf Sascha wartete. Auf der anderen Seite des Feuers tanzten einige Kinder im Kreis. Sie hielten mit Federn geschmückte Birkenzweige in den Händen.
»Warum tragen sie Zweige?«, flüsterte Vanessa Flocke zu.
»Wahrscheinlich ist dies ein Frühlingsfest«, antwortete Flocke.
»Die Leute verabschieden den

Winter. Die Birkenzweige haben Knospen, die zeigen, dass der Frühling kommt. Und die Federn sollen Blüten darstellen, weil jetzt im Moment noch nicht so viele Blumen blühen.«

»Das sieht sehr hübsch aus. Schau, da kommt Sascha!«, rief Vanessa.

Sascha stapfte auf sie zu und zog Arin hinter sich her.

»Ich will mit meinen Freunden spielen!«, maulte er.

»Das geht aber jetzt nicht! Mama hat gesagt, dass ich auf dich aufpassen soll!«

Arin hörte auf, an Saschas Arm zu ziehen, und es sah aus, als wolle er mitkommen. Doch kaum hatte sich Sascha umgedreht, schüttelte er ihre Hand ab und rannte davon.

Sascha schoss ihm hinterher. »Arin, komm zurück!«
Flocke drehte ihren Kopf genau in Arins Weg und brachte den Jungen sanft zum Stehen.
Sascha machte ein böses Gesicht. »Arin! Warum läufst du immer weg? Mama hat gesagt, dass du bei mir bleiben sollst – das weißt du ganz genau!«
Arin zuckte die Schultern und stieß seinen Stiefel in den Schnee. Flocke schnoberte in seinen Haaren. Da lächelte der kleine Junge. »Ich mag dein Pony!«, sagte er zu Vanessa.
»Was machst du hier in unserem Dorf? Willst du jemanden besuchen?«
Vanessa schluckte. Was sollte sie denn jetzt bloß sagen?

3. Kapitel

Vanessa warf Flocke einen verzweifelten Blick zu. Sie konnte das Pony ja schlecht fragen, was sie jetzt sagen sollte. Sascha und Arin würden sie für verrückt halten! Sie dachte nach. Die tanzenden Kinder mit den Birkenzweigen brachten sie schließlich auf eine Idee.

»Wir kamen gerade hier vorbei, und da dachte ich, wir schauen uns mal das Frühlingsfest an«, erklärte sie und wechselte das Thema, bevor Arin noch mehr schwierige Fragen stellen

konnte. »Möchtest du Flocke einmal streicheln, Arin? Sie ist sehr lieb.«
Arin nickte. Er vergrub eine Hand in seiner Jackentasche und förderte einen Apfel zutage. Er hielt ihn Flocke auf der flachen Handfläche hin, und Flocke fraß ihn genüsslich auf. »Daran könnte ich mich gewöhnen«, murmelte sie fröhlich und senkte den Kopf, damit Arin sie hinter den Ohren kraulen konnte.
»Es wird spät«, sagte Sascha. »Wir sollten nach Hause gehen, bevor es wieder anfängt zu schneien.« Sie wandte sich Vanessa zu. »Weißt du schon, wo du heute übernachten kannst?«
Vanessa schüttelte den Kopf. Auf einmal war sie ein bisschen besorgt. Sie konnte doch nicht die ganze Nacht im Freien verbringen!

»Willst du nicht mit zu uns kommen?«, fragte Sascha. »Meinen Eltern macht es bestimmt nichts aus. In unserem Stall ist genug Platz für Flocke, und du kannst oben in meinem Stockbett schlafen.«
»Also dann los!«, sagte Sascha.
»Schaut, es fängt schon an zu schneien!«, fügte sie hinzu.
Vanessa sah zum Himmel hinauf. Graue Wolken waren aufgezogen, aus denen dicke Schneeflocken rieselten. Sie fielen auf Flockes dichtes Fell und schmolzen sofort. Schon bald war Flocke über und über mit glitzernden Tröpfchen bedeckt.
Vanessa blinzelte, als eine Schneeflocke auf ihren Wimpern landete. Sie hatte noch nie ein so dichtes Schneetreiben erlebt!

»Ich bin froh, dass wir heute Nacht bei Sascha bleiben können!«, flüsterte sie Flocke zu.
Das Pony nickte und warf den Kopf hoch, um den Schnee aus der Mähne zu schütteln.
Saschas und Arins Haus stand etwas außerhalb, auf der bergabgewandten Seite des Dorfes. »Meine Eltern sind Viehzüchter«, erklärte Sascha, »deshalb leben wir in der Nähe der Wiesen, wo unsere Kühe weiden.« Als sie durch das Dorf liefen, zeigte Sascha ihr die verschiedenen Gebäude – die Schule, die Kirche und das Rathaus, das gerade neu gebaut wurde. Im Moment war jedoch noch nicht viel davon zu sehen.
Vanessa konnte all die Eindrücke gar nicht aufnehmen. Immer wieder sah sie

hinauf zu den Bergen, die sich hoch über ihnen auftürmten.
Sascha lachte. »Hast du denn noch nie einen Berg gesehen?«
»Da, wo ich lebe, sind die Berge nicht so hoch«, erwiderte Vanessa eilig. »Aber eigentlich schaue ich mir gar nicht die Berge an, sondern den vielen Schnee. Es sind so dicke Flocken!«
Sascha nickte. »Ja, wir sollten wirklich zusehen, dass wir nach Hause kommen. Das wird ein richtiger Schneesturm. Gleich sind wir da . . .« Aber ganz überzeugend klang das nicht.
Vanessa fing wieder an zu frieren, und der Schnee fiel so heftig, dass sie kaum den Weg erkennen konnte. Jetzt, wo sie den Schutz der Häuser verlassen hatten, blies der Wind noch heftiger. Eisige Flocken stachen in ihre

Wangen und klebten an ihren Wimpern.

»Geh dicht hinter mir her«, sagte Flocke. Das Pony stapfte mit gesenktem Kopf und halb geschlossenen Augen dahin. Ihr Kopf war schon ganz weiß von Schnee und der Sattel bedeckt von einer eisigen Schicht. »Ich habe den Eindruck, wir gehen im Kreis, Vanessa.« Sie schnoberte in den Wind. »Ich glaube, Sascha hat sich in dem Schneetreiben verlaufen.«

Da hielt Sascha an. Ihre Miene war voller Angst. Damit Arin nichts hörte, flüsterte sie Vanessa zu: »Vanessa, ich fürchte, wir sind verkehrt gelaufen. Es ist eigentlich gar nicht weit, aber dieser Schnee – ich kann nichts erkennen . . .«

»Ich denke, Flocke kann uns führen«,

sagte Vanessa. Sie versuchte, mutig zu klingen, und sah Flocke hoffnungsvoll an. Das Pony nickte, streckte die Nüstern in den Wind und schnupperte. Dann stieß es Vanessa sanft an. »Ich werde mich nach dem Geruch des Viehs richten. Halt dich an meiner Mähne fest, und sag Sascha, sie soll es auch so machen. Ich will in diesem Schneesturm keinen von euch verlieren. Arin soll am besten reiten. Er ist zu klein, um durch diesen tiefen Schnee zu stapfen.«

Vanessa erklärte Sascha ihren Plan, und gemeinsam hoben sie Arin auf Flockes Rücken. Er freute sich riesig, dass er reiten durfte. Dann gingen sie wieder los, die beiden Mädchen dicht an das Pony gelehnt. Plötzlich erkannten sie durch das Gestöber einen Schatten und gelbe Lichter. Als sie näher kamen, sah Vanessa, dass es eine Holzhütte war, mit kleineren Nebengebäuden ganz in der Nähe.

»Wir sind daheim!«, rief Arin.

»Du bist super, Flocke«, flüsterte Vanessa in das Ohr des Ponys. »Ich kann es kaum glauben, dass du das geschafft hast!«

Flocke schnaubte. »Kein Problem«, flüsterte sie zurück, und es klang ein bisschen stolz.

»Vielen Dank, Vanessa! Ich hatte solche Angst! Kommt, der Stall ist dort drüben!« Sascha nahm Vanessa am Arm, um sie zu führen. »Mein Pony Kleeblatt wird Flocke heute Nacht Gesellschaft leisten.«

Sie stieß die Stalltür auf. Ein fuchsfarbenes Pony mit einer Blesse stand knietief im frischen Stroh und wieherte fröhlich, als es Flocke sah. Vanessa sattelte Flocke ab und hängte das Zaumzeug an einen Haken neben der Tür. Flocke ging zu Kleeblatt hinüber, und die beiden beschnupperten sich. Vanessa blickte sich um. Der Stall sah sehr sauber und gemütlich aus, trotzdem hatte sie

Angst, dass Flocke in der Nacht frieren könnte.
Sascha bemerkte ihr besorgtes Gesicht. »Das geht schon in Ordnung, Vanessa!«, sagte sie. »Die Ponys haben genug Heu zu fressen, und durch das Fressen halten sie sich warm. Aber wir können Flocke auch eine Decke umhängen.«
Sie holte eine dicke dunkelblaue Decke aus einer Kiste. Die beiden Mädchen breiteten sie über Flockes Rücken aus und machten den Verschluss zu.
»Hast du Gäste mitgebracht?«, fragte da eine freundliche Stimme. Ein Mann mit funkelnden Augen lehnte an der Tür. Er sah nett aus, fand Vanessa.
»Vanessa, das ist Gregor. Er hilft meinem Vater auf dem Hof«, sagte

Sascha. »Vanessa ist wegen des Frühlingsfestes hier, Gregor. Ich hab ihr gerade gesagt, dass ihr Pony hier drin bestimmt nicht frieren wird. Das stimmt doch, oder?«

»Aber klar!« Gregor streichelte Flocke über den Hals und sagte: »Du bist ja eine Hübsche!« Dann lächelte er Vanessa zu.

Vanessa war es, als ob sie ihn irgendwo schon einmal gesehen hätte – sein Lächeln kam ihr so bekannt vor! Ja, er sah genau so aus wie Mister Barker vom Zauberpony-Karussell! Das waren doch genau dieselben funkelnden Augen! Gregor zwinkerte ihr zu.

Doch bevor sie noch etwas sagen konnte, ging die Stalltür auf, und der größte Hund, den sie je gesehen hatte,

schlüpfte herein. Er sah fast so groß aus wie die Ponys und hatte ein zotteliges dunkelgraues Fell wie ein Wolfshund. Vanessa hielt den Atem an.
»Ivar!«, rief Arin freudig. Er stellte sich auf die Zehenspitzen und schlang seine Arme um den Hals des Hundes. Der Hund schleckte mit seiner langen rosa Zunge Arins Ohr ab.
»Ivar schläft auch hier im Stall. Er ist zu groß, um bei uns im Haus zu schlafen!«, erklärte Sascha.«Oh, habt ihr gehört! Mama ruft uns zum Abendessen! Komm, Arin!«
»Nein, ich spiele mit Ivar. Geh weg, Sascha!« Er wich seiner Schwester aus, rannte in eine Ecke des Stalls und verschwand in einem kleinen Gang, der nach unten führte.
Vanessa staunte. Wohin war Arin

verschwunden? Auch Flocke hatte den Kopf gehoben und spitzte die Ohren. Gregor lächelte verschmitzt. »Er versteckt sich mal wieder im Apfelkeller. Na ja, ich muss gehen. Nett, dich kennenzulernen, Vanessa – und dich auch, Flocke!« Er zwinkerte Vanessa noch einmal zu und ging hinaus.
Sascha lief seufzend ihrem Bruder hinterher. Vanessa folgte ihr und blieb auf halbem Weg stehen. Sie sah in einen kleinen dunklen Raum, der unter dem Stallboden lag. Er war voller Äpfel, und ein herrlich fruchtiger Duft zog von unten herauf.
Sascha kam wieder hoch, Arin hinter sich herziehend. »Tut mir leid, Vanessa. Komm, jetzt gehen wir aber endlich Abendbrot essen!«
Vanessa umarmte Flocke noch einmal.

»Schlaf gut«, schnaubte das Pony. »Und denk dran, dass wir morgen herausfinden müssen, was unsere Aufgabe hier ist!«
Das Wohnhaus war genauso gemütlich wie der Stall, und der Geruch des Holzes erinnerte Vanessa an den Duft von Weihnachtsbäumen. In einem Holzhaus hatte sie noch nie übernachtet!
Saschas Mutter war in der Küche beschäftigt. Sie schien sich sehr über den Besuch zu freuen. »Setz dich, setz dich! Fühl dich ganz wie daheim!«, sagte sie freundlich. »Du siehst ja ganz erfroren aus«, fuhr sie stirnrunzelnd fort, deckte einen extra Teller für Vanessa auf und rührte dann den Eintopf auf dem Herd noch einmal um.
Der Eintopf schmeckte herrlich und

wärmte Vanessa bis in die Zehenspitzen. Als sie ihren Teller leer gegessen hatte, merkte sie, dass ihr die Augen zufielen.
»Möchtest du mitkommen und sehen, wo du heute schläfst?«, fragte Sascha.
»Ja, gerne!« Vanessa stand auf und versuchte, ein Gähnen zu unterdrücken.
»Vielen Dank für das leckere Essen und

dafür, dass ich hier übernachten darf«, sagte sie zu Saschas Eltern.
Sie folgte Sascha und warf dabei einen Blick durch den Spalt zwischen den Fensterläden. Hinter dem Stallfenster konnte sie Flocke und Kleeblatt sehen, die einträchtig ihr Heu kauten. Die beiden sahen sehr zufrieden aus.
Sascha führte Vanessa in das Schlafzimmer ihrer Eltern. Ein breites Doppelbett mit blauen Decken stand in der Mitte. An einer der Wände war eine Leiter befestigt. Sascha begann hinaufzuklettern. »Komm mit«, rief sie Vanessa über die Schulter zu.
Vanessa folgte ihr, steckte den Kopf durch die Falltür – und blickte in eine wunderhübsche kleine Dachkammer. Auf den Stockbetten lagen rot-weiße Patchworkdecken, und ein kuscheliger

Teppich bedeckte den Boden. Sascha lieh Vanessa ein warmes Nachthemd. Vanessa zog es an und kletterte schläfrig in das obere Bett.
»Gute Nacht, Vanessa«, sagte Sascha im unteren Bett. »Schlaf gut«, antwortete Vanessa. Sie ließ den Kopf in das weiche Kissen sinken und sah aus dem Fenster. Durch einen Spalt im Vorhang konnte sie den dunklen Himmel und die Schneeflocken sehen. Der Sturm hatte sich gelegt, und die Luft war erfüllt von weichen Flocken, die sanft zu Boden rieselten.
Vanessa seufzte glücklich. Das war das tollste Abenteuer ihres Lebens! Sie konnte den neuen Tag kaum erwarten!

4. Kapitel

»Aufwachen! Aufwachen!« Jemand rüttelte an Vanessas Schulter. »Geh weg, Max«, murmelte sie.

»Wer ist Max? Ich bin nicht Max! Ich bin Arin! Komm schon, wir müssen aufstehen!«

Arin stand auf der Leiter des Stockbetts und schüttelte Vanessa noch einmal.

»Arin, du weißt genau, dass du da oben nichts zu suchen hast!« Sascha scheuchte ihren kleinen Bruder die Leiter hinunter.

Vanessa schlüpfte aus dem Bett und streckte sich. Winzige Staubkörnchen glitzerten in den Sonnenstrahlen, die durchs Fenster hereinfielen. Es hatte aufgehört zu schneien, der Himmel war strahlend blau.
Sascha lächelte Vanessa zu. »Wollen wir heute ausreiten? Ich möchte dir meine Lieblingsplätze zeigen!«
Vanessa nickte. »Das klingt wunderbar!«
»Ich will auch mit!«, rief Arin.
»Nein, Arin, du bist noch zu klein! Du bleibst heute bei Mama!«
Vanessa hörte, wie Arin maulend die Leiter hinunterstieg. Sascha begann sich anzuziehen. »Komm! Lass uns gleich losgehen, solange die Sonne scheint. Wir nehmen uns einfach Käsebrote mit!«

Die beiden Mädchen stürmten nach unten, machten sich Brote und verabschiedeten sich von Saschas Mutter. Dann liefen sie zum Stall hinüber und ließen einen heulenden Arin zurück.

»Bitte lasst mich mitkommen! Ich bin ganz brav, ich versprech's!«

»Nein, du bleibst da, Arin!«, rief Sascha ihm zu und verdrehte die Augen. »Kleine Brüder können ganz schön nervig sein!«

»Ich weiß«, stimmte Vanessa zu.

Als sie in den Stall kamen, schien Flocke sehr erfreut, sie zu sehen. Das Pony schüttelte den Kopf und schnaubte sanft in ihr Haar. Vanessa umarmte es, nahm ihm die Decke ab und begann, es zu putzen. Dann holte sie Flockes rote Satteldecke und den

schweren Ledersattel. Kleeblatts Sattel sah ganz genauso aus, aber ihre Satteldecke war grün, und sie hatte auch keine Glöckchen am Zaumzeug. Schon trabten die Ponys zum Dorf hinaus auf die Berge zu. Der Weg wurde immer steiler und felsiger, und die Ponys wurden langsamer, denn sie mussten ihren Pfad über die Steine suchen.
Vanessa ließ Sascha und Kleeblatt vorausgehen. Dann lehnte sie sich nach vorn und flüsterte Flocke ins Ohr: »Ist es in Ordnung, diesen Ausritt zu machen? Sollten wir uns nicht lieber hier umsehen? Wir müssen doch herausfinden, wem wir helfen sollen!«
»Keine Sorge!«, wieherte Flocke fröhlich. »Der Zauber des Pony-

Karussells wird ganz sicher dafür sorgen, dass wir herausfinden, was unsere Aufgabe ist!«
»Oh, schaut doch mal!«, rief Sascha von oben.
»Was ist los?«, rief Vanessa und sah hoch.
Sascha zeigte auf eine Gruppe von Birken. »Siehst du den blauen Fleck dort am Boden? Das ist Enzian!«
Die Enzianblüten wirkten wie kleine blaue Papierfetzen, die im Schnee steckten. Es sah wunderschön aus, trotzdem wunderte sich Vanessa über Saschas Begeisterung.
Sascha glitt aus dem Sattel und kniete sich auf den Boden, um die Blüten genauer zu betrachten. »Das sind die ersten, die ich in diesem Jahr sehe! Jetzt ist der Frühling wirklich da! Das

müssen wir unbedingt erzählen, wenn wir zurückkommen!«
Sie ritten weiter und entdeckten noch mehr Blumen – blaue, so wie der Enzian, aber auch gelbe und weiße, die ein bisschen wie Schneeglöckchen aussahen. Als sie weiter in den Wald hineinritten, hörten sie tropfendes Wasser. Tropf, tropf, tropf.
Vanessa blickte auf. Der Schnee auf den Ästen schmolz. Als ein kalter Tropfen ihren Nacken hinunterrollte, quietschte sie auf. Die Tropfen fielen auch auf Flockes Mähne und hingen wie Glitzersteine in dem schwarzen Haar.
»Kommt mit!«, rief Sascha und ließ Kleeblatt in einen schnellen Trab fallen. »Das ist der Katzen-Felsen! Jetzt ist es nicht mehr weit bis zu meinem

Geheimplatz!« Sie zeigte auf einen Felsen am Wegrand, der wirklich wie eine Katze aussah – mit zwei gespitzten Ohren und einer Ausbuchtung, die wie ein Schwanz wirkte.

Der Pfad wurde enger und enger. Vanessa fror nicht in ihren warmen Sachen, doch sie schauderte trotzdem. Es sah aus, als wäre hier schon seit Ewigkeiten niemand mehr vorbeigekommen!

Endlich hielten sie bei einer steilen Felswand aus hell glänzendem grauem Gestein. Sascha glitt aus dem Sattel und schlang Kleeblatts Zügel um einen Ast.

Sie legte eine Hand auf das graue Gestein und drehte sich zu Vanessa um. »Das hab ich vor ein paar Wochen entdeckt«, erklärte sie. »Ist es nicht

wunderschön? Es ist ein gefrorener Wasserfall!«
Vanessa sah sich die Felswand genauer an. Sie war gar nicht aus Stein! Es war ein riesiges Stück Eis!
Vanessa sprang vom Pferd und band Flockes Zügel an den Ast, dicht neben Kleeblatts Zügel.
Dann sah sie sich nach Sascha um – aber Sascha war verschwunden!
Vanessas Herz klopfte. Wo war Sascha? Sie starrte ins Gebüsch und zwischen die Bäume. Wie still und einsam es hier war! »Sascha? Sascha, wo bist du?«, rief sie.
Plötzlich nahm sie aus den Augenwinkeln eine Bewegung wahr. Sie fuhr herum und hielt vor Schreck die Luft an. Da, im Wasserfall – im Eis – war Sascha!

5. Kapitel

Plötzlich kam Sascha hinter der Eiswand hervor und winkte Vanessa zu.

»Wie hast du das gemacht?«, stieß Vanessa hervor. »Du warst doch gerade im Wasserfall!«

Sascha strahlte. »Nicht ganz! Ich hab dir doch gesagt, dass mein Geheimplatz etwas ganz Besonderes ist! Komm und sieh es dir an!«

Und tatsächlich – zwischen der Eisplatte und dem Felsen öffnete sich ein schmaler Spalt. »Komm!«, sagte

Sascha noch einmal und schlüpfte in den Spalt.
Vanessa holte tief Luft und folgte ihr.
Hinter dem Wasserfall öffnete sich der Felsen zu einer Höhle. Das schattige Licht des Waldes, das durch die klare grünliche Eisschicht fiel, verwandelte sich in einen fahlen Schimmer, wie unter Wasser. Vanessa lachte entzückt.
»Komm, sieh dir das an!«, rief Sascha tiefer aus der Höhle.
Der Boden der Höhle war steinig, deshalb stützte sich Vanessa mit einer Hand am Felsen ab, als sie hinüber zu Sascha lief. Da bemerkte sie unter ihrem Handschuh seltsame geschwungene Linien in den verschiedensten Farben. »Sascha, sieh nur! Die Wände sind bemalt!«

»Ich weiß! Ist es nicht wunderschön? Ich glaube, die Gemälde sollen das Frühlingsfest darstellen. Schau, hier drüben sind tanzende Figuren und Blüten rundherum.« Sie stellte sich auf die Zehenspitzen und zeigte auf einige blaue Flecke. »Dies ist Enzian, wie wir ihn vorhin gesehen haben. Vielleicht hat der Maler sogar Enzianblütenblätter für die Farbe benutzt! Ich weiß nicht, von wann diese Gemälde sind. Bestimmt sind sie sehr alt!«

Vanessa nickte und sah sich die Felswand noch genauer an. Eine der Figuren war etwas größer als die anderen, sie war mit brauner Farbe gemalt und hatte vier kurze, kräftige Beine.

»Es ist ein Pony, eins wie Flocke!«, rief

Vanessa. Sie zog einen Handschuh aus und fuhr die Linien mit dem Finger nach. Der Kopf und die Stehmähne sahen genau so aus wie bei Flocke!
Sie sahen sich alle Gemälde an, entdeckten noch mehr Blüten und auch andere Tiere. Doch schließlich zog sich Sascha ihre Handschuhe wieder an. »Wir müssen heim«, sagte sie. »Bald gibt es Mittagessen.«
Vanessa stand in der Mitte der Höhle und sah sich noch einmal um. »Vielen Dank, dass du mich hierher geführt hast, Sascha. Es ist der schönste Ort, den ich je gesehen habe. Eine Höhle hinter einem Wasserfall – so etwas hätte ich mir nie träumen lassen!«
Sie gingen wieder hinaus zu Flocke und Kleeblatt, die fröhlich das saftige Berggras abweideten. Hier draußen in

der Sonne war es viel wärmer, obwohl der Wind immer noch recht kalt blies. Nach der Stille in der Höhle hörten sich der Klang des tropfenden Tauwassers und der Gesang der Vögel ganz seltsam an.
»Ich muss mal eben die Gurte nachziehen«, sagte Sascha und begann an den Strippen zu ziehen. »Sie fühlten sich auf dem Hinweg ein bisschen locker an.«
Vanessa streichelte Flockes Ohren. »In der Höhle war ein Bild von einem Pony, das genauso aussah wie du!«, flüsterte sie.
Flocke schüttelte den Kopf und schnaubte, als ob sie sich freute. »Ich hab Durst«, sagte sie. »Gibt's hier irgendwo was zu trinken?«
Vanessa bemerkte eine Pfütze

Schmelzwasser am Fuß des Wasserfalls. Es tropfte immer weiter von oben herab, und Vanessa fragte sich, wie lange der Wasserfall wohl noch gefroren bleiben würde. Sie führte Flocke hinüber, damit das Pony trinken konnte.
Aber Flocke blieb stocksteif stehen und legte die Ohren an.
»Was ist los?«, fragte Vanessa. »Hast du keinen Durst mehr?«
»Hier dürfte nicht so viel Wasser sein«, schnaubte das Pony und sah hoch zum Wasserfall.
»Warum?«, fragte Vanessa.
Flocke sah sie besorgt an. »Der Wasserfall dürfte nicht so früh im Jahr zu schmelzen anfangen. Das Wetter ist anscheinend wärmer als sonst. Deshalb blühen auch die Blumen

schon. Ich glaube, das Frühlingstauwetter hat zu früh eingesetzt!«

Flocke klang so ernst, dass Vanessa ganz betroffen war. »Und was bedeutet das?«

»Wenn der Schnee zu schnell schmilzt, kann das gefährlich werden. Der viele Schnee, der gestern gefallen ist, könnte eine Lawine auslösen!«

Vanessa erschrak. Sie hatte schon einmal etwas über Lawinen gelesen. Das waren riesige Schneemassen, die den Berg hinabstürzten. Sie konnten Menschen und sogar ganze Dörfer unter sich begraben!

Vanessa sah sich nach Sascha um. Sie mussten ins Dorf zurück! Gerade wollte sie nach Sascha rufen, da stupste Flocke sie an. »Nicht rufen,

Vanessa! Auch laute Geräusche können Lawinen auslösen!«
Eilig führte Vanessa das Pony zurück zu Sascha, die Kleeblatts Sattelgurte festzog. Jetzt sah sie sich um und lächelte Vanessa zu. »Fertig zum Abmarsch?«
»Ja, schon. Aber, Sascha, hör zu, ich hab ein bisschen Angst. Hast du die Wasserpfütze da unten beim Wasserfall gesehen? Es sieht doch fast so aus, als ob die Schneeschmelze sehr schnell eingesetzt hätte . . .«
Sascha sah sich die Pfütze an und blickte hoch in die tropfenden Bäume am Wegrand. Sie wurde plötzlich ganz blass. »Du hast recht, Vanessa! Wir müssen zurück ins Dorf und die Leute warnen. Lawinengefahr!«

6. Kapitel

Die Mädchen trabten, so schnell es ging, zurück ins Dorf. Vanessa hielt sich an Flockes Mähne fest, als sie sich über Stock und Stein und durch den tiefen Schnee den Weg bahnte. Gerade zur Mittagszeit kamen sie am Dorfplatz an. Die Sonne schien warm, und es waren viele Leute unterwegs. Gerade wollten die Mädchen ihre Warnung bekannt geben, da sah Vanessa, dass Flocke ihre Ohren unruhig spitzte und schließlich anlegte, als ob sie sich fürchtete. Vanessa strich über ihren Hals. »Was ist denn los, Flocke?«

»Es ist zu spät! Ich höre die Lawine kommen!«

Vanessa hielt erschrocken den Atem an. Sie hatten noch niemanden warnen können! Auch sie selbst konnte es jetzt hören – ein dumpfes Grollen, wie Donner, das immer lauter wurde.

Vanessa starrte hoch zum Berg. In der Nähe des Gipfels, weit über Saschas Höhle hing weißer Nebel. War das eine Wolke – oder war es Schnee, der auf das Dorf zuraste?

Sie sah Sascha an, und sie wusste, dass diese die Lawine ebenfalls hörte. Sie war jetzt noch blasser als vorhin.

»Lawine!«, schrie sie und galoppierte mit Kleeblatt mitten auf den Dorfplatz. »Eine Lawine kommt!«

»Das Dorf liegt genau auf der Strecke der Lawine!«, schnaubte Flocke. »Die Menschen müssen fliehen!«
»Aber wo sollen wir hin?«, fragte Vanessa. »Ach Flocke, wir hätten die Leute viel früher warnen müssen. Es tut mir so furchtbar leid!«
»Wir sind so schnell zurückgekommen, wie wir konnten«, sagte Flocke. »Dies ist noch nicht unsere wahre Aufgabe, glaube ich.«
Sie konnten nicht weitersprechen, denn Sascha kam herangaloppiert.
»Bei Lawinengefahr haben die Leute immer im Rathaus Zuflucht gesucht. Aber das neue Rathaus wird ja gerade erst gebaut. Und nirgendwo sonst ist Platz für alle!«
Vanessa dachte fieberhaft nach. Was sie brauchten, war ein Ort, der abseits

der Lawine lag und Platz für alle bot. Da hatte sie eine Idee! Sie lehnte sich nach vorn und flüsterte Flocke zu: »Meinst du, Saschas Höhle wäre groß genug für alle?«
Flocke schnaubte zustimmend und schüttelte den Kopf, dass die Glöckchen am Zaumzeug nur so klingelten. »Das ist eine sehr gute Idee! Das musst du schnell Sascha erzählen!«
»Sascha! Meinst du, wir könnten die Leute zu deiner Höhle führen? Sie ist groß genug für alle, und wir sind dort vor dem Schnee geschützt!«, rief Vanessa zu Sascha hinüber.
»Aber der Pfad ist so schmal«, meinte Sascha bedenklich. »Ich weiß nicht, ob wir es schaffen, alle rechtzeitig hinaufzubringen.«
»Aber wo sollen wir sonst hin? Wir

müssen es versuchen, Sascha! Wir müssen uns beeilen! Sieh nur, die Schneewolke wird immer größer!«
Sascha blickte auf und erschrak, als sie sah, wie nah die Lawine schon gekommen war. Sie stellte sich in die Steigbügel und rief, so laut sie konnte: »Achtung! Achtung! Alle mal herhören!« Aber ihre Stimme war nicht durchdringend genug.
Flocke stampfte mit den Hufen und wieherte, so laut sie konnte. Da wurden die Leute endlich aufmerksam. Sie blieben stehen und blickten die Mädchen erwartungsvoll an.
Vanessa klopfte erleichtert Flockes Hals. »Eine Lawine kommt! Wir müssen das Dorf verlassen, so schnell es geht!«, rief Sascha. »Nicht weit von hier gibt es eine Höhle, da sind wir alle sicher.

Folgt uns, wir zeigen euch den Weg!«
Die Leute murmelten und schienen unentschlossen. Sascha nahm an, dass sie nicht glaubten, dass es diese Höhle wirklich gab.
»Bitte, ihr müsst mir vertrauen!«, flehte Sascha. »Wir dürfen keine Zeit verlieren!«
»Sie hat recht!«, sagte eine Frau. »Wir haben keine Zeit, noch lange zu reden. Wenn Sascha einen Ort weiß, wo wir geschützt sind, dann sollten wir dorthin gehen.«
Ein sehr alter Mann mit einem weißen Bart trat vor. Er stützte sich auf seinen Stock. »Ist es eine Höhle hinter einem Wasserfall? Mit Gemälden an den Wänden?« Sascha nickte.
Der Alte strahlte. »Dann hast du die geheime Höhle gefunden! Vor vielen

Jahren bin ich einmal dort gewesen. Ich hätte nicht gedacht, dass noch einmal irgendjemand auf diese Höhle stoßen würde.« Er wandte sich an die Menschenmenge: »Folgt Sascha!«
Sascha ließ Kleeblatt wenden und zeigte auf den Pfad, der den Berg hinaufführte. »Kommt mit! Hier entlang!«
Die Leute liefen langsam los und strömten vom Dorfplatz. Vanessa sah Saschas Eltern, die mit Arin gelaufen kamen. »Sascha!«, rief die Mutter. »Nimm Arin mit! Vater und ich müssen das Vieh zu der geschützten Weide außerhalb des Dorfes bringen. Wir kommen nach!« Sie hob Arin hoch und setzte ihn vor Sascha auf Kleeblatts Rücken. »Bis später! Pass gut auf deinen kleinen Bruder auf, Sascha!«

Arin wandte sich um und wollte nach seiner Mutter rufen, aber sie war schon zurückgelaufen, um zusammen mit Saschas Vater das Vieh in Sicherheit zu bringen. Auch Gregor, der Gehilfe, war in diese Richtung unterwegs. Als er an Vanessa vorbeikam, hielt er kurz an und fuhr über Flockes Mähne. »Hab keine Angst, Vanessa. Was immer auch geschieht, denk daran, du und Flocke, ihr seid ein Team. Gemeinsam könnt ihr alles schaffen!« Dann wandte er sich um und ging weiter.
Vanessa sah ihm einen Augenblick lang nach, dann ließ sie Flocke kehrtmachen. Der Ritt konnte beginnen!
Vanessa und Sascha ritten los. Sie führten die Leute den Pfad hinauf zur Felsenhöhle. Vanessa klopfte Flockes Hals. »Auf geht's, mein Mädchen, du

schaffst das! Ich weiß, dass du schon müde bist – aber wir müssen uns beeilen!«
»Keine Sorge!«, wieherte Flocke zuversichtlich. »Wir Norweger-Ponys

sind dafür gezüchtet, Menschen aus dem Schnee zu retten. Kümmere du dich darum, dass alle zusammenbleiben!«

Sascha kämpfte mit Arin. »Sitz bitte still!«, schimpfte sie.

»Wir haben Ivar dagelassen!«, schrie Arin. »Ich geh zurück und hole ihn!«

Und ehe Sascha noch etwas sagen konnte, war er von Kleeblatts Rücken gesprungen.

Vanessa sah, wie sich der kleine Kerl durch die Menge schob, ließ Flocke schnell wenden und wollte ihn aufhalten.

Aber zu spät! Er war verschwunden!

»Oh nein!«, stöhnte Sascha.

Vanessa lenkte Flocke an Kleeblatts Seite. »Reg dich nicht auf!«, sagte sie zu ihrer Freundin und dachte angestrengt nach. »Sascha, du musst

die Leute zur Höhle führen. Flocke und ich reiten zurück und holen Arin!«
»Aber meine Mutter hat doch gesagt, ich soll auf ihn aufpassen!«, entgegnete Sascha verzweifelt.
»Ich weiß. Aber ich kann die Leute nicht führen, Sascha! Ich war nur ein einziges Mal bei der Höhle – und vielleicht finde ich den Weg nicht mehr. Aber wenn ich Arin holen gehe, dann kann ich nachher eurer Spur folgen! Vertrau mir! Flocke und ich werden Arin finden!«
Sascha nickte. »Gut. Viel Glück!«
»Wir sind bald wieder bei euch!«
Flocke machte kehrt, und sie ritten ins Dorf zurück. Sie bahnten sich einen Weg durch die Menschenmenge, und Vanessa hielt überall nach Arin Ausschau. Sie hielt sich an Flockes Mähne fest, denn Flocke galoppierte,

und der Pfad war rutschig. Doch das Pony suchte trittsicher seinen Weg, ohne zu stolpern.
Von Arin war jedoch nichts zu sehen.
»Er ist bestimmt zurück nach Hause gelaufen!«, japste Vanessa. »Ich glaube, jetzt ist klar, wem wir helfen sollen, nicht wahr?«
»Allerdings!«, stimmte Flocke zu. Sie spitzte die Ohren und galoppierte noch schneller. »Ich höre die Lawine kommen! Die Bäume am Berghang werden sie ein wenig bremsen – aber wir haben trotzdem nicht mehr viel Zeit! Halt dich gut fest!«
Sie sprengten durchs Dorf. Alles lag verlassen da, es war ganz still, bis auf das Dröhnen der Schneelawine, das lauter und lauter wurde. Vor dem Holzhaus kam Flocke schlitternd zum

Stehen, der Schnee stob unter ihren Hufen auf.
»Arin!«, rief Vanessa, so laut sie konnte, und sprang aus dem Sattel.
»Arin, ich bin's, Vanessa!«
»Vielleicht ist er im Stall«, meinte Flocke.
Vanessa führte sie hinüber zur Scheune. Die Tür stand offen, aber der Stall war leer. Wo war Arin?
Dann hörte Vanessa ein Schluchzen aus einer Ecke. Es klang, als käme es von unten . . . »Der Apfelkeller!«, rief sie.
Sie rannte zu der Schräge und sah hinunter. Es war ziemlich finster, und Vanessa konnte von oben nichts erkennen, aber das Schluchzen klang jetzt eindeutig lauter.
»Los, komm!«, sagte Flocke und ging an Vanessa vorbei vorsichtig die Schräge hinab. Sie senkte den Kopf, um nicht an

die Decke zu stoßen, und die Glöckchen an ihrem Zaumzeug klingelten.
Vanessa folgte ihr. Sie war so froh, ihr mutiges Pony dabeizuhaben!
»Vanessa!«
Jetzt hatten sich Vanessas Augen an die Dunkelheit gewöhnt. Sie erkannte Arin, der in einer Ecke kauerte, die Arme fest um Ivar geschlungen. »Tut mir leid, dass ich weggelaufen bin! Aber ich konnte Ivar einfach nicht allein zurücklassen!«
»Wir müssen schnell zur Höhle!«, sagte Vanessa. »Die Lawine kommt . . .«
In diesem Moment wurde das Dröhnen immer lauter und lauter. Die Wände der Scheune knirschten.
»Es ist zu spät!«, wieherte Flocke. »Vanessa, ihr müsst euch auf den Boden legen! Der Hund auch!«

Vanessa packte Arin und zog ihn hinunter. »Keine Angst, Arin, hier sind wir sicher. Sag Ivar, er soll sich auch hinlegen!«
Doch der Hund wusste von ganz allein, was er tun musste. Das große Tier kuschelte sich neben Arin und legte seinen Kopf auf den Rücken des Jungen, als wollte er ihn beschützen.

»Puh«, grummelte Arin, »du bist ganz schön schwer, Ivar!«
Flocke stellte sich über die beiden Kinder, als die Lawine herunterdröhnte. Es klang, als ob gewaltige Schneeberge auf die Häuser niedergingen. Die Wände der Scheune knackten und knirschten – aber sie hielten stand. Vanessa machte die Augen zu und konnte vor Angst kaum atmen. Dann ließ das Dröhnen langsam nach. Eine unheimliche Stille herrschte jetzt.
»Ist es vorbei?«, fragte Arin mit dünner, ängstlicher Stimme.
»Ich – ich glaub schon«, sagte Vanessa.
Flocke schnaubte. »Ja, es hat aufgehört. Jetzt müssen wir nur sehen, ob wir hier rauskommen.«

»Ich seh nach, ob wir zur Stalltür herauskommen«, sagte Vanessa. Sie bückte sich und ging die Schräge hinauf. Im Stall war es seltsam dunkel, und Vanessa bemerkte, dass durch die Wucht der Lawine die Tür und die Fensterläden zugefallen waren. Sie drückte gegen die schwere Holztür. Sie steckte fest! Der Schnee draußen musste hoch aufgetürmt sein!
Vanessa rüttelte am Riegel und warf sich wieder und wieder gegen die Tür. Umsonst! Sie waren gefangen!
Als Vanessa sich umwandte, standen Flocke, Arin und Ivar am Kellereingang.
»Kommen wir nicht raus?«, fragte Arin mit zitternder Stimme.
»Na klar kommen wir raus, keine Angst!« Vanessa versuchte, mutig zu

klingen – doch in Wahrheit war sie ziemlich ratlos.
»Wir müssen nachsehen, ob es noch einen anderen Ausgang gibt«, wieherte Flocke. »Diese Tür liegt auf der Seite zum Berg hin. Dort wird also der meiste Schnee liegen. Aber vielleicht gibt es auf der anderen Seite auch noch einen Ausgang!«
»Warum wiehert Flocke?«, fragte Arin. »Hat sie auch Angst?«
Vanessa umarmte ihn. Sie hatte ganz vergessen, dass Flockes gute Vorschläge für Arin nur wie Ponygewieher klangen!
»Sie versucht, uns aufzumuntern! Komm, Arin, wir suchen einen anderen Ausgang!«
Sie ging voraus, hinunter in den Apfelkeller. Dort untersuchte sie die

Wände. Tatsächlich! Sie fand eine kleine Tür, oben, unterhalb der Decke. »Vielleicht kommen wir da raus!«, sagte sie und zeigte hinauf.
»Durch diese Tür bringen wir die Äpfel in den Keller«, erklärte Arin.
»Und diese Seite ist vom Berg abgewandt!«, rief Vanessa. »Hier liegt bestimmt nicht so viel Schnee!« Sie reckte sich, um den Riegel zu erreichen, aber der war ganz oben an der Tür angebracht, und sie bekam ihn nicht zu fassen.
»Arin, wenn du auf meine Schultern steigst, kommst du dann an den Riegel?« Arin nickte.
Vanessa kauerte sich zusammen, der kleine Junge stieg auf ihren Rücken, und Vanessa stand langsam auf. Arin schnaufte und reckte sich.

»Ich hab's!«, rief er schließlich und schob den Riegel zurück.
Quietschend schwang die kleine Tür auf – glücklicherweise öffnete sie sich nach innen, sodass sie nicht gegen den Schnee drücken mussten.
»Puuuh!«, prustete Vanessa, als ihr eine Ladung Schnee ins Gesicht fiel. Sie setzte Arin ab und versuchte, etwas von dem Schnee, der vor dem Eingang lag, wegzukratzen. Der Schnee war locker und nicht festgebacken, trotzdem würde es ein hartes Stück Arbeit werden, den Eingang freizubekommen.
Vanessa sah sich nach etwas um, was sie als Schneeschaufel benutzen könnte. Da begann Ivar, aufgeregt den Schnee anzuschnüffeln.
»Ich glaube, Ivar möchte helfen«,

schnaubte Flocke. »Bestimmt kann er gut graben!«

»Leg los, mein Guter!«, feuerte Arin den Hund an.

»Mach uns den Weg frei!«

Ivar bellte freudig und fing an mit seinen riesigen Vorderpfoten den Schnee wegzukratzen.

Vanessa und Arin schoben den

losgekratzten Schnee vom Eingang weg in den hinteren Teil des Apfelkellers.
Plötzlich bellte Ivar triumphierend – er war durchgekommen! Durch den schmalen Tunnel im Schnee strömte helles Licht in den Keller.
»Gut gemacht, Ivar! Guter Hund!«, riefen Arin und Vanessa. Ivars wedelnder Schwanz verschwand im Tunnel.
»Du bist dran, Arin!« Vanessa hob den Jungen hoch und gab ihm einen kleinen Schubs. Er reckte und streckte sich, um das Loch zu erreichen.
Vanessa versuchte, ihn noch höher zu heben, aber die Arme taten ihr weh.
»Ich rutsche ab!«, schrie Arin voller Angst.
Da spürte Vanessa Flockes borstige

Mähne an ihrer Seite. Das Pony gab Arin einen kleinen Schubs mit der Nase.
»Danke, Flocke!«, schnaufte Vanessa. Sie sah, wie Ivar von draußen den Jungen sanft am Kragen packte und aus dem Tunnel herauszog.
»Jetzt du, Vanessa! Wenn du das Loch von draußen vergrößern kannst, dann schaff ich es auch hinaus!«
Vanessa kam es vor, als müsse sie aus einem Kaninchenbau herausklettern. Dann machte sie sich mit Arins und Ivars Hilfe daran, den Schnee wegzuschaufeln, um den Ausgang für Flocke zu vergrößern. Das Pony schaffte es schließlich auch, sich hindurchzuquetschen. Mit einem freudigen Wiehern sprang Flocke ins Freie. Vanessa schlang ihre Arme um Flockes Hals. Sie hatten es geschafft!

7. Kapitel

»Wir haben's geschafft! Wir haben es geschafft!«, rief Vanessa. Ivar sprang an ihr hoch und leckte ihr Gesicht, und sie umarmte auch ihn. Dann wollte sie auch Arin an sich drücken – doch der saß da und weinte. »Arin, es ist alles gut! Wir sind in Sicherheit!«, rief Vanessa.

»Sascha ist bestimmt böse mit mir«, schniefte Arin. »Und Mama und Papa sind es auch. Aber ich konnte Ivar einfach nicht allein zurücklassen!«

»Keine Sorge!«, sagte Vanessa und

klopfte ihm tröstend den Rücken. »Sie warten bestimmt schon alle sehnlich auf dich in der Höhle!«
Das hoffe ich wenigstens, dachte sie besorgt. Ob Sascha es tatsächlich geschafft hatte, alle in Sicherheit zu bringen, bevor die Lawine niederging?
»Alle werden riesig froh sein, dich zu sehen. Ganz bestimmt ist keiner böse auf dich! Komm, wir gehen los und suchen sie!«
Vanessa half Arin, auf Flockes Rücken zu klettern, und setzte sich hinter ihn in den Sattel. Sie ritten zurück durchs Dorf, und Ivar trottete neben ihnen her.
Wie seltsam alles aussah!
Viele Häuser waren fast ganz von Schnee bedeckt, Äste lagen überall umher. Sie waren offenbar von den Bäumen oben am Berg abgebrochen

und von der Lawine mitgerissen worden. Es war jede Menge Schnee zu schaufeln und Aufräumarbeit zu tun – doch die Holzhäuser waren glücklicherweise so stabil, dass kein schlimmer Schaden entstanden war.
»Meinst du, wir finden den Pfad zur Höhle?«, flüsterte Vanessa Flocke zu.
»Ich tu mein Bestes!«, schnaubte Flocke und schüttelte ihre Mähne.
Der Schnee lag so hoch, dass er fast bis an Flockes Bauch reichte. »Haltet euch gut fest!«, wieherte sie. Vanessa umschlang Arin mit einem Arm, und Flocke pflügte mit kräftigen Sprüngen durch den Schnee. Vanessa wandte sich um und sah, wie Ivar immer in Flockes Spur hinterhersprang.
»Hier beginnt der Pfad!«, sagte Vanessa, als sie das Kiefernwäldchen

erreichten. »Aber ich sehe gar keine Spuren!«
»Der Schnee verdeckt die Spuren«, sagte Flocke.
Vanessas Mut sank. Sie hatte gehofft, den Spuren bis zur Höhle folgen zu können!
Sie mussten die Höhle finden! Arins Eltern und Sascha würden sich solche Sorgen um ihn machen! Doch wie sollten sie den gefrorenen Wasserfall jetzt finden?
»Moment mal!«, rief Vanessa. »Sascha hat uns doch auf dem Weg zur Höhle einiges gezeigt! Wir haben Enzian gesehen, bei einer Gruppe von Birken . . .«
Flocke schnaubte und trabte los.
»Stimmt«, schnaufte sie. »Ich werde drauf achten.«

»Da vorne sind Birken«, sagte Arin nach einer Weile.
Vanessa umarmte ihn. »Gut aufgepasst! Wir sind bestimmt auf dem richtigen Weg. Und jetzt müssen wir den Katzen-Felsen finden!«
Die Suche nach den Zeichen in der Landschaft schien Arin von seinen Sorgen abzulenken. Vanessa spähte durch die Bäume und ließ die Zügel locker, damit Flocke sich ihren Weg suchen konnte. »Da, schaut! Da ist der Katzen-Felsen!«, rief Vanessa.
Flocke begann zu traben. Der Schnee lag hier nicht mehr so hoch. Zwischen den Bäumen sahen sie etwas funkeln. Jetzt lichteten sich die Bäume – und da war der Wasserfall, glitzernd im Sonnenlicht. Und davor stand Sascha!
»Sascha!«, rief Arin. Er glitt von

Flockes Rücken und rannte zu seiner Schwester. »Ich lauf nie wieder weg! Ich versprech's!«
Sascha drückte ihn an sich. »Ich hab schon gedacht, die Lawine hätte dich verschüttet. Es tut mir so leid, dass ich mit dir geschimpft habe!«
Dann wandte sie sich um und rief in die Höhle hinein: »Sie sind da! Vanessa und Arin sind da!«
Arins Eltern kamen herausgelaufen. Der Vater hob ihn hoch und drückte ihn an sich. Die Mutter küsste ihn und schimpfte, immer abwechselnd: »Ich dachte schon, wir finden dich nie mehr wieder! Wehe, du jagst mir noch einmal so einen Schrecken ein, Arin!«
Arin wand sich in ihren Armen hin und her und tat sehr verlegen – doch er genoss den ganzen liebevollen Wirbel

in vollen Zügen. Die anderen Dorfbewohner kamen nun ebenfalls nach draußen, froh und erleichtert, dass alle in Sicherheit waren.
»Wir haben alles gut überstanden, und das verdanken wir euch beiden«, sagte der alte Mann, der von der Höhle gewusst hatte. »Und es ist wunderbar, dass wir diesen Ort wiederentdeckt haben!«
Saschas Vater wandte sich an Vanessa. »Wie sieht es im Dorf aus?«
»Jede Menge Schnee, die meisten Häuser sind halb verschüttet«, berichtete Vanessa. »Aber es ist keines zerstört.«
»Habt ihr gehört?«, wandte sich Saschas Vater an die Leute. »Die Lawine hat keinen größeren Schaden angerichtet! Ich glaube, wir sollten das

Frühlingsfest fortsetzen und unsere glückliche Rettung feiern!«
Vanessa lächelte.
Wie schön würde es sein, das Fest mitzufeiern! Doch da rieselten plötzlich Glitzerfunken durch die Luft. Schneite es wieder? Vanessa sah nach oben, aber der Himmel war klar und strahlend blau.
Flocke wieherte. »Das Zauber-Karussell holt uns zurück, Vanessa! Wir müssen zurück! Sag schnell Auf Wiedersehen!« Vanessa umarmte Sascha und stieg in den Sattel. »Ich muss gehen!«, erklärte sie. »Vielen Dank, dass du mir die Höhle gezeigt hast, Sascha! Aber ich muss jetzt zurück nach Hause! Und mach dir keine Sorgen – Flocke passt gut auf mich auf!«

»Auf Wiedersehen!«, sagte Sascha. »Komm uns bald einmal besuchen!«
Flocke trabte davon, und Vanessa winkte. Die glitzernden Funken fielen dichter, die Bäume verschwammen hinter einem funkelnden Regenbogen. Es war Vanessa, als galoppierte sie mit Flocke durch eine dicke Schneewolke! Dann wurden die

Funken immer weniger. Vanessa war zurück auf dem Zauberpony-Karussell! Die Glöckchen an Flockes Zaumzeug klingelten ein letztes Mal, dann hielt das Karussell an.

Vanessa glitt aus dem Sattel, noch ganz schwindlig. Sie trug wieder ihre eigenen Kleider, die Jeans und die rosa Jacke. Sie strich über Flockes Mähne und spürte keine borstigen Haare, sondern glattes Holz. Flocke war wieder ein Karussell-Pferdchen.

»Auf Wiedersehen, Flocke«, flüsterte sie. »Vielen Dank für das wunderbare Abenteuer!«

Sie stieg die Stufen hinunter. Max und Selina winkten.

»Max!« Vanessa lief zu ihm und drückte ihn fest an sich.

Max sah etwas überrascht aus. »Pass

auf meinen Luftballon auf!«, japste er. Vanessa lachte. Sie wollte in Zukunft netter zu ihrem kleinen Bruder sein! Kleine Brüder konnten einem manchmal ziemlich auf die Nerven gehen – aber sie waren trotzdem etwas ganz Besonderes!

Max befreite sich, und Vanessa hörte ein leises Klingeln – wie von Glöckchen. Um ihr Handgelenk hing ein wunderschönes gelbes Band mit zwei winzigen silbernen Glöckchen daran. Vanessa schüttelte sie voller Freude. Sie wusste, dass die Glöckchen ein Geschenk des Zauber-Karussells waren, damit sie sich immer an ihr Abenteuer erinnerte.

»Hat's Spaß gemacht?«, fragte Selina.

»Oh ja, es war ganz toll!« Vanessa strahlte. Doch sie wusste, dass sie ihrer Schwester niemals erzählen konnte, was sie wirklich erlebt hatte. Selina würde ihr nie im Leben glauben, dass sie auf einem verzauberten Pony in ein Land von Schnee und Eis geritten war und die Menschen eines ganzen Dorfes vor einer Lawine gerettet hatte! Doch Vanessa wusste, dass es wirklich geschehen war. Ihre wunderschöne, mutige Flocke war echt und lebendig gewesen – und niemals würde sie das Abenteuer mit ihr vergessen!

Die Reise mit den

Zauberponys

Poppy Shire

Am Rande des Jahrmarktes, versteckt hinter einem Zuckerwattestand, steht das altmodische Pony-Karussell. Prächtige Holzponys drehen sich im Takt der Musik – ein Zirkuspferd, ein Cowboypony, ein Ritterpferd ... Und wer mitfahren möchte, bekommt eine Fahrkarte mit dem Namen seines Ponys.
Die Musik beginnt zu spielen, das Karussell dreht sich schneller und schneller, plötzlich wiehert das Pony – und hinein geht es in ein wundervolles Abenteuer.

ISBN 978-3-401-06015-6

ISBN 978-3-401-06016-3

Arena